AF243076

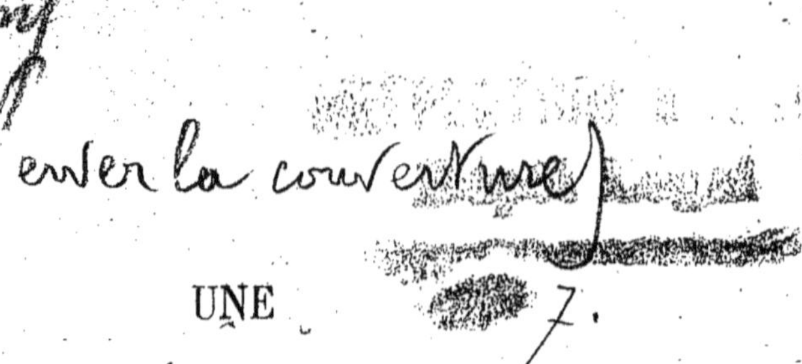

UNE

COLONIE EN DANGER

PAR

M. le Conseiller général T***

RÉFUTATION

PAR LA

SOCIÉTÉ CLIMATOLOGIQUE D'ALGER

ALGER

IMPRIMERIE DE L'ASSOCIATION OUVRIÈRE, P. FONTANA ET Cⁱᵉ.

1887

LA
COLONIE N'EST PAS EN DANGER

Un article intitulé *Une Colonie en Danger* a été publié à Paris dans le 17ᵉ numéro de la *Nouvelle Revue*.

Le pays qui va mourir, qui meurt, c'est l'Algérie, du moins suivant l'auteur de ce mémoire qui a produit en France ainsi qu'en Algérie, il faut bien le reconnaître, une bien pénible impression.

La Société Climatologique d'Alger a entrepris la réfutation énergique de ce travail dont les inconséquences scientifiques étaient de nature à nuire aux intérêts vitaux du pays; la *Nouvelle Revue* n'a pas accepté cette réponse.

La question traitée de part et d'autre est pourtant d'une importance capitale et l'Algérie tout entière en bénéficierait si la discussion devait rester dans les justes limites d'un débat scientifique dans lesquelles se sont seuls placés les auteurs de l'étude que nous insérons ici.

En reproduisant la réponse de nos collègues de la Société de Climatologie, nous constatons que ni le fond ni la forme ne dépassent les bornes d'une sévère réfutation qui peut trouver place dans ce bulletin où les questions personnelles et irritantes sont rigoureusement écartées.

Nous ajouterons même que tout en regrettant la publicité donnée à la thèse absolument fausse soutenue par l'auteur, tout en reconnaissant que ses affirmations erronées ne sont pas favorables à la cause algérienne, nous pensons que l'honorable écrivain s'est trouvé, bien malgré lui, entraîné à dépasser le but, d'abord par la gravité du sujet traité, ensuite par des raisons toutes particulières qui l'ont forcé à assombrir le tableau afin d'attirer l'attention sur la question du reboisement.

Nous ne pouvons pas admettre que l'Algérie, cette terre de féconde production sur laquelle tant d'efforts ont été concentrés et justifiés par les résultats, soit menacée d'assèchement, de stérilité et de ruine par une cause fatale d'un ordre naturel.

Nous combattrons cette légende arabe si funeste à nos intérêts économiques et à l'avenir de notre pays, qui consisterait à essayer de démontrer scientifiquement que le « désert s'avance » et qu'il aura bientôt la Méditerranée comme limite, ensablant et stérilisant le Tell.

Si nous étions réellement en présence d'une action météorique aussi intense et déjà bien manifestée, le remède préconisé par l'auteur serait d'une efficacité douteuse : le reboisement ne saurait avoir un effet quelconque, d'abord parce que l'homme ne peut lutter contre ces grands phénomènes physiques qui font les climats, ensuite parce que ses moyens économiques sont impuissants comparés à la hauteur du but, en supposant même quelque valeur à ses conceptions théoriques, bien faible argumentation en l'état actuel de notre science climatologique naissante.

Ch. R.

UNE COLONIE EN DANGER

La *Nouvelle Revue* vient de publier (3ᵉ livraison, 1ᵉʳ avril 1886), sous ce titre, un article de la plus haute gravité, ne serait-ce que pour les inexactitudes qui lui servent de base.

Quand la situation d'un territoire colonial aussi vaste et aussi important que l'Algérie se trouve présentée sous un jour fantaisiste et exagéré, il est du devoir des associations, qui depuis longues années se sont vouées à l'étude de ses conditions géo-météorologiques, de s'émouvoir à juste titre et d'intervenir dans le débat avec toute l'autorité que peuvent donner des observations inspirées par l'indépendance la plus absolue. C'est à ce point de vue que la Société climatologique d'Alger vient prier la direction de la *Nouvelle Revue* de vouloir bien accorder à la réfutation de l'article précité une place loyalement acquise au redressement de la véracité des faits.

Quel est l'homme qui ne craint pas d'écrire aujourd'hui que l'Algérie se meurt, et qui demain écrira d'un cœur aussi léger que l'Algérie est morte? Est-ce un homme des champs, est-ce un propriétaire? Il est impossible qu'il soit l'un ou l'autre. En tout cas, c'est un homme qui jouit d'une certaine notoriété dans la colonie et, qui plus est, occupe une position qui donne du poids à ses paroles : c'est un Conseiller général. C'est profondément triste et regrettable, d'autant plus que ce n'est pas la vérité. Nous subissons depuis quelques années une crise dont la cause doit être attribuée à une période de sécheresse suivie de pluies excessives et à une perturbation dans les conditions commerciales née des grandes facilités de communication des peuples entre eux. Nous avons certainement beaucoup souffert, mais c'est une erreur de présenter l'Algérie comme étant le seul pays qui ait supporté les conséquences de ces deux causes.

L'article de la *Nouvelle Revue* comporte quatre chapitres et une conclusion.

Que trouve-t-on dans le 1ᵉʳ chapitre? Beaucoup de phrases qui n'apprennent rien, n'étant que des réminiscences de ce qui a été dit et écrit par d'autres. *Trop de systèmes*, s'écrie l'auteur, et en répondant on sent déjà qu'il a l'intention d'en présenter un de plus. En effet, il a pour objectif « une idée nettement charpentée, un but qui s'impose au patriotisme de la Chambre. »

« L'Algérie, déclare-t-il, n'a pas d'eau. » C'est par trop absolu. Nous avons perdu nos récoltes en 1884 et 1885, par suite des pluies intempestives et trop abondantes qui se sont prolongées jusqu'au moment des vendanges. Que les eaux pluviales ne soient pas convenablement mises en réserve, on ne saurait le nier, mais c'est un progrès qui viendra avec le temps. Ces grandes améliorations s'opèrent peu à peu, elles s'accompliront d'autant plus rapidement que les capitaux seront plus abondants et meilleur marché. L'auteur, en inquiétant les capitalistes de la métropole, ne serait-il pas le plus sérieux de tous les obstacles à la prospérité de la colonie ?

« Que l'on donne d'abord à l'Algérie le seul élément qui lui manque, l'*eau*, pour que l'agriculture prenne enfin son plein essor ! » Et M. le Conseiller général insiste sur le reboisement comme le moyen le plus sûr de combattre la prétendue diminution des eaux. Or, accumulerait-on dix couches de bois et de forêt à la surface du pays, qu'on ne lui donnerait pas une goutte d'eau de plus.

Le phénomène des pluies est un phénomène cosmique qui se passe dans les hautes régions de l'atmosphère et qui est complètement indépendant de ce qui se passe au-dessous. Les pluies subissent de ces fluctuations que l'on constate dans la marche des lois générales ; mais après tout, elles n'éprouvent ni augmentation ni diminution progressives, comme le montrent les observations relevées pendant 40 ans à Alger, c'est-à-dire par les Ponts et Chaussées de 1838 à 1857, et à l'hôpital militaire du Dey de 1865 à ce jour.

ANNÉES	TOTAUX	ANNÉES	TOTAUX	ANNÉES	TOTAUX
1838	863.1	1852	751.2	1872	664.9
1839	720.7	1853	911.9	1873	673.5
1840	803.7	1854	1073.9	1874	970.9
1841	895.2	1855	567.1	1875	809.9
1842	899.5	1856	728.0	1876	852.4
1843	728.5	1857	904.0	1877	749.3
1844	868.0	—	—	1878	612.0
1845	713.2	1865	714.9	1879	734.8
1846	610.7	1866	484.5	1880	555.5
1847	801.0	1867	687.0	1881	702.4
1848	1028.8	1868	858.8	1882	772.7
1849	557.9	1869	866.5	1883	636.2
1850	759.8	1870	831.5	1884	715.7
1851	801.9	1871	716.4	1885	554.0

Ensuite, il n'y a point que l'absence ou la diminution d'eau qui empêche l'agriculture algérienne de « prendre son plein essor. » L'hiver qui vient à peine de se terminer a été long et rigoureux sur les Hauts-Plateaux, et le manque absolu de pâturages dans le Sud a contraint les nomades à prolonger leur séjour dans les régions élevées du Nord ; il en est résulté pour eux des pertes relativement considérables. Ainsi, dans le cercle de Khenchela, on évalue à 9 ou 10 mille le chiffre de moutons et chèvres enlevés par le froid...

De même dans le cercle de Batna, les troupeaux qui n'ont pas été envoyés dans le Sahara cet hiver, ont gravement souffert *du froid* et de l'*humidité*, et les pertes ont été assez importantes. Cependant, à la suite des neiges et des pluies exceptionnelles du premier trimestre, *toutes les sources possédaient un débit depuis assez longtemps inusité.*

Dans le cercle de Saïda, les animaux de la caravane de retour du Gourara, en février, ont également beaucoup souffert du froid et de la pluie.

Enfin, cet hiver, il y a eu sécheresse dans le Sahara ; aussi les tribus qui y avaient hiverné ont dû rentrer précipitamment dans le Djebel-Amour.

Ainsi, d'une part, il n'y a pas que le manque d'eau qui fasse périr les troupeaux ; d'un autre côté, il n'est pas aussi facile de supprimer les périodes de sécheresse dans le Sahara que « de chercher à mettre la pyramide simplement sur sa base.»

Dans le 2ᵉ chapitre intitulé *Régime des eaux en Algérie,*
on pouvait s'attendre à trouver un exposé des moyens à em-
ployer pour aménager les eaux pluviales. Rien de tout cela.
L'auteur nous parle d'une Algérie antédiluvienne qu'il n'a pas
connue ; il cite des écrivains latins qui sont loin d'être d'ac-
cord entre eux ; il nous transporte au milieu d'une Algérie
romaine dont il ne semble pas connaître l'organisation et
qu'il fait mourir d'une maladie dont elle n'a jamais souffert,
comme il va être démontré par les lignes suivantes.

Le troisième chapitre est intitulé : *Cause de la modifica-
tion du régime des eaux.* Il paraît, pour l'auteur, qu'il n'en
a découvert qu'une seule, puisque le mot « cause » est au
singulier. Cette fois encore il va remplir les pages de son chapitre avec des citations interminables pour chercher à démontrer — ce que chacun sait — qu'on a trop souvent déboisé
par l'incendie et par des dévastations inconsidérées : mais
cela ne lui suffit pas, et il s'évertue à prouver que l'occupation arabe a servi à prolonger l'existence de l'Algérie que
les Romains et les Vandales avaient rendue infertile ou à
peu près. Et nous, avec nos champs bien cultivés, nos jar-
dins couverts d'arbres à fruits, nos plantations autour des
exploitations, nos vignes qui s'étendent chaque année, nous
serions en passe de ruiner la colonie en la rendant inféconde ! ! ! Les Romains avaient construit des barrages, des
citernes, des aqueducs, et malgré tout cela ils sont morts !
Est-ce bien de cela qu'ils sont morts ? Renvoyons l'auteur
à Montesquieu.

Mais, penseront tous ceux qui ont l'habitude d'examiner
les choses sans parti-pris, si les déboisements ont eu lieu,
somme toute, sur une vaste échelle, il faut loyalement les
attribuer quelque peu au développement des cultures, à
l'exploitation industrielle (commerce du tan), à la fondation,
puis à l'extension des centres de population, à la nécessité de
créer et d'accroître le réseau des voies de communication, à
la préférence donnée à des terrains encore vierges afin
d'obtenir des rendements immédiats supérieurs, à l'urgence
enfin d'occuper en sécurité le plus grand nombre de points
du territoire, etc. Etait-ce là « du déboisement sans discer-
nement ? »

D'autre part, ces déboisements et ces défrichements agricoles ont eu pour avantages d'ameublir les terres sur de vas-
tes étendues, de les rendre ainsi plus propres à l'absorption

et à l'emmagasinement des eaux pluviales, en définitive, d'alimenter les sources et d'augmenter, — loin, bien loin de les diminuer, — les approvisionnements d'eau sous la croûte du sol, là même où la fraîcheur et l'humidité sont si indispensables à la germination, au développement, à la vie des végétaux. M. Marié-Davy n'a-t-il pas constaté expérimentalement que « le débit moyen des sources en pays cultivés diminue à mesure que la culture fait de nouveaux progrès; aussi voit-on depuis une trentaine d'années des ruisseaux disparaître dans l'Eure par l'effet des défrichements et de la suppression de la jachère dans un pays depuis longtemps déboisé ? » C'est que les petites plantes drues et serrées, surtout dans les *contrées à soleil*, consomment par transpiration une grande quantité d'eau (Prof. Arnould). Et d'après les expériences agricoles de Mont-Souris, « l'évaporation du sol cultivé s'élève à 70 ou 80 0/0 du total des pluies. »

Il faudrait aussi, dans l'influence des boisements, tenir quelque compte des essences à feuilles persistantes qui assèchent plus vivement le sol : n'est-ce pas à cette activité permanente de larges surfaces d'évaporation que l'Eucalyptus et ses similaires doivent leur propriété antipalustre?

Qu'en pense donc M. le Conseiller général qui veut à tout prix qu'il y ait avant tout une « corrélation de cause à effet entre les surfaces boisées et le régime des eaux ? » A-t-il perdu de vue que, d'après M. Belgrand, « il existe en France des bassins entièrement boisés, dont les cours d'eau présentent le régime le plus irrégulier ; qu'il en existe d'autres, au contraire, presque entièrement déboisés et dont les cours d'eau ont une régularité d'allures incomparablement plus grande que celle des premiers ? »

Est-ce là la situation réelle d'une « Algérie menacée de devenir inféconde par la sécheresse? » Heureusement, non ; pas plus par le spectre de cette sécheresse que par « le phylloxéra qui aurait atteint la jeune vigne des environs d'Alger !! »

Il y aurait beaucoup à dire sur la valeur des citations que M. le Conseiller général a démêlées dans l'histoire romaine pour étayer son acte d'accusation contre la situation actuelle de l'Algérie. Tous ceux qui ont visité les nombreuses ruines éparses dans nos trois provinces, ont reconnu après un examen attentif qu'elles se trouvaient exactement — sous le rapport des eaux — ce qu'elles étaient il y a 1500 ans; ce n'est point la sécheresse qui en a chassé la population, ce sont les révolutions politiques. Les nouveaux habitants qui les occuperaient aujourd'hui seraient encore obligés d'avoir recours à des puits, à des citernes, comme autrefois à défaut d'eaux courantes qui n'y apparaîtraient que momentanément comme jadis.

M. le Conseiller général, aidé de M. Calinet, conservateur des forêts à Constantine, cherche dans la disparition des éléphants une preuve de la diminution des pluies, et comme conséquence, de celle des forêts. Or, Pline a consacré au Nord de l'Afrique les quatre premiers paragraphes de son livre V, c'est-à-dire 200 lignes d'un in-8° ordinaire : il y parle *deux fois* des éléphants, mais il les place toujours sur les versants de l'Atlas marocain, et... pas ailleurs. Strabon, plus explicite dans le chapitre III de son livre XVII, le dernier de son ouvrage, ne cite cependant *qu'une seule fois* les éléphants, en faisant le tableau de la plantureuse végétation de la Maurasie ou du Marok ; mais, lui aussi, n'en met pas ailleurs, si ce n'est dans le pays des Ethiopiens occidentaux qui, voisin de la Maurasie, n'appartient cependant plus à la même région. On voit donc qu'il n'y avait pas autant d'éléphants dans le Nord de l'Afrique que le prétend M. le Conseiller général, d'après M. Calinet, qui voulant donner plus d'autorité à ces citations, a réuni les noms de plusieurs écrivains qui n'en ont pas parlé, d'ailleurs, d'une manière spéciale.

Les éléphants ont disparu du Maroc par suite des chasses acharnées qu'en ont fait les Carthaginois : l'action des pluies n'y est donc pour rien.

Enfin, chose bien digne de remarque, après *huit* lignes dans lesquelles il énumère les principales localités de la Numidie, Pline termine par ces mots : « Rien de remarquable dans ce pays, si ce n'est le marbre numidique et les animaux féroces qu'il produit ». Rien, absolument rien « sur les forêts de cèdres de Numidie, exploitées dès la période carthaginoise », découverte archéologique dont il nous faut laisser tout le mérite à M. le Conseiller général.

C'est une erreur sur laquelle il insiste beaucoup, et nous y revenons parce que l'assertion est la négation complète et des événements et de tout ce qu'apprend l'histoire, à savoir : que les Romains auraient été chassés de l'Afrique par le manque d'eau !

Il y a plus : s'emparant d'une poétique description faite par Corippus dans sa Johanneïde et qu'il généralise, croyant trouver dans Strabon, Pline et Silius Italicus des choses qui n'y sont pas, M. le Conseiller général couvre le Nord de l'Afrique de forêts qui n'y ont jamais existé autrefois, comme aujourd'hui, qu'éparses et très éloignées.

Dans le 4ᵉ chapitre, qui a pour titre : « *Ce qu'il faut faire,* » l'auteur enseigne le remède au mal : il faut reconstituer les forêts, les améliorer, les augmenter. Pas n'était besoin d'un article de 20 pages pour apprendre cela. Mais ce qu'il est imprudent au plus haut chef de réclamer, c'est un sacrifice à la France, qui est fatiguée des revendications continuelles de la colonie. Créer une forêt de toutes pièces constitue une dépense réellement considérable, et de plus trop souvent une utopie désastreuse.

M. le Conseiller général a commis une grave erreur au sujet des pluies algériennes, dont la moyenne, dit-il, ne serait que de 550 millimètres, alors qu'elle est de 740 en Provence. Voici un relevé de 20 années d'observations pluviométriques (1860-1880), qui a récemment servi à M. Angot, du Bureau central météorologique de France, à résumer le régime pluvial de l'Algérie, suivant la hauteur moyenne de l'année, des saisons chaude et froide et du nombre de jours pluvieux, d'après la classification des régions du littoral, du Tell, des Hauts-Plateaux et du Sahara.

| RÉGION | LOCALITÉS | SAISON | | TOTAL de L'ANNÉE | NOMBRE de JOURS de pluie |
		CHAUDE	FROIDE		
		millim.	millim.	millim	
LITTORAL	Philippeville................	169	638	807	»
	Djidjelli....................	205	819	1.024	»
	Bougie.....................	233	806	1.039	»
	Dellys......................	206	790	996	»
	Alger....... { Fort-l'Empereur..	148	523	671	105
	Dey	151	585	730	100
	Cap Caxine..................	98	447	545	95
	Cherchell...................	106	500	606	»
	Ténès	78	452	530	»
	Mostaganem.................	94	452	546	»
	Oran (P.-et-Ch.).............	127	427	554	»
	Cap Falcon..................	167	486	653	54
	Nemours	142	304	446	63
	MOYENNES............			887	84.85

| RÉGION | LOCALITÉS | SAISON | | TOTAL de L'ANNÉE | NOMBRE de JOURS de pluie |
		CHAUDE	FROIDE		
TELL	Guelma	210	430	640	119
	Jemmapes	162	554	716	»
	Constantine (P.-et-Ch.)	182	391	573	»
	Sétif	176	266	442	106
	Fort-National	329	914	1.243	»
	Tizi-Ouzou	196	645	841	»
	Dra-el-Mizan	194	630	824	»
	Aumale	240	348	588	108
	Staouéli	122	520	642	107
	Blidah	191	664	855	»
	Coléah	113	543	656	»
	Médéah	209	641	850	83
	Milianah	155	504	659	»
	Téniet-el-Hâad	194	402	596	97
	Orléansville	147	337	484	86
	Relizane	90	260	350	»
	Mascara	121	425	551	»
	Saint Denis-du-Sig	90	269	359	»
	Sidi-Bel-Abbès	90	287	377	74
	Aïn-Témouchent	89	381	470	»
	Tlemcem	204	458	663	68
	MOYENNES			580.90	96
	Tébessa	218	132	350	98
	Batna	296	439	735	87
	Djelfa	128	212	340	90
	Boghar	155	222	377	»
	Aflou	141	191	332	76
	Géryville	138	212	350	76
	Saïda	203	268	471	82
	El-Aricha	162	183	345	72
	Biskra	92	107	199	45
	Laghouat	80	118	168	39
	MOYENNES			369.7	74

Ainsi, la moyenne pluviale est sur le littoral de 887 mill.
Dans le Tell............................. 590
Sur les Hauts-Plateaux et dans le Sahara..... 369

Et si l'on prenait la moyenne de ces trois régions réunies,

on arriverait encore à 602 mill. en chiffres ronds [1]. Nous serions donc encore assez loin des 550 dénoncés par M. le Conseiller général. Mais, il est inutile de le faire remarquer, une semblable moyenne de 602 mill. appliquée à des régions climatériques si nettement différenciées n'aurait *aucune* valeur.

Bref, M. le Conseiller général a sans doute pris le chiffre incroyable de 552 mill., qu'il donne pour la moyenne annuelle des pluies en Algérie, dans quelques-unes de ces mauvaises compilations que l'on publie chaque jour : elle est démentie par toutes les observations sérieuses faites pendant les 30 dernières années, observations qui viennent tout à fait à l'encontre de la prétendue diminution des eaux, d'un assèchement progressif et continu du pays. Vainement citerait-on, à l'appui de ces affirmations erronées et surtout désastreuses, l'abaissement incessant de certaines sources, rivières, ruisseaux, marais, etc. Ce phénomène s'est présenté plusieurs fois dans les mêmes pays, alternant avec des périodes de recrudescence, qui se lient intimement à la marche encore indéterminée des lois météorologiques présidant à la distribution des pluies, comme M. le Conseiller général le reconnaît lui-même (p. 524).

Enfin, l'auteur arrive à cette *conclusion* : qu'il faut de l'eau à l'Algérie, et que pour avoir de l'eau il faut de la forêt. D'aucuns répliqueront, en gens pratiques, qu'il faut de l'eau pour entretenir des forêts. C'est ainsi que l'on tourne perpétuellement dans un cercle vicieux sans pouvoir en sortir. Tout cela porte à réfléchir et à regretter que les colonnes du journalisme ne restent pas, en fait d'agriculture, fermées pour ceux qui n'ont pas toutes les connaissances requises et une expérience suffisante pour traiter des choses... agricoles.

Il faudrait un volume pour réfuter toutes les erreurs que renferme l'article de la *Nouvelle Revue*, car il touche à la colonisation romaine, à l'occupation arabe, à la colonisation française, à la météorologie, à l'acclimatement. Sur toutes ces questions, il serait facile de réfuter les assertions erro-

---

(1) Quand Schaw a visité le Nord de l'Afrique vers 1748, il a constaté, après un séjour de trois ans, que la moyenne pluviométrique y était de 630 mill. N'est-il pas remarquable que, plus d'un siècle après, les observations du réseau français arrivent au même chiffre !

nées ; mais ce serait, en vérité, interminable et peu fait pour intéresser un lecteur instruit qui ne retirerait aucun fruit de cette réplique... si ce n'est la conviction douloureuse que les élucubrations qui ont motivé la présente réfutation font un grand mal à l'Algérie.

Non, l'Algérie n'est pas en danger, non, elle ne mourra pas de sitôt, malgré d'aussi tristes pronostics ; elle est vaillante et forte, elle peut traverser hardiment les plus fortes crises, voire celles que M. le Conseiller général croit devoir attribuer aux différents systèmes imaginés successivement pour activer la colonisation. Il ne faut point leur accorder plus d'importance ni beaucoup plus de mal qu'il ne leur en doit revenir : peut-être ont-ils retardé quelquefois le mouvement d'impulsion qui entraînait l'Algérie vers ses destinées, mais ils n'ont pu l'arrêter ; il est, parce qu'il faut qu'il soit, et si on ne le favorise pas, il n'en marche pas moins ; sa progression est seulement un peu plus lente que si on se contentait de le guider et de lui ouvrir tout le pays. Soyons patiens et prudents. « La principale prudence, a dit un grand penseur, consiste à parler peu, à se défier bien plus de soi que des autres, mais point à faire des discours faux et des personnages brouillons. »

Au nom de la Société climatologique.

Le Président,

O. Mac-Carthy.

ALGER — IMPRIMERIE DE L'ASSOCIATION OUVRIÈRE P. FONTANA ET Cⁱᵉ.